Слободан Вуксановић
РУКА ОГЊЕНА

Цртеж на насловној страни
ДРАГАНА ОГЊЕНОВИЋ

Техничко уређење
ДУШАН ВУЈИЋ

Ликовна опрема
АЉОША ЛАЗОВИЋ

СЛОБОДАН ВУКСАНОВИЋ

РУКА ОГЊЕНА

РАД

Вртоглавица

ВРТОГЛАВИЦА I

Почело је лако
И брзо

Ветар понесе
Куће безруке
Станаре подиже
Да лебде
Трагајући
Испод зидова
И крова

Где ме лако
И брзо
Склопио поглед
Вртоглаве неверице

ВРТОГЛАВИЦА II

Главном улицом
Витла

Заседу прави
Подмеће
Крило
Очврсло
Да ме распарча
На светлости
Плоча

Сумњичава према
Редовном послу
Ноћних поливача

ВРТОГЛАВИЦА III

У клопку ухваћена
Кљун искушава
Пробија стазу
Кроз слепе очи
Ка висини
Из које
Врат поверава
Милосрђу
Углачаног ножа

ВРТОГЛАВИЦА IV

Ниче
Из цокуле црне
Танка
И граната

Расте наопако
Кореном пробија
Утробу плави
Огњенка

Цокулом
Милује круг
Пламена
И праха

ВРТОГЛАВИЦА V

Из тачке
На плафону
Клија мапа
Презреле равнице

Од људи
Ко ђулад
Прштећих
По кући
Укопаној
У чело моје

ВРТОГЛАВИЦА VI

Видарка црна
Травама
Салива ми страву
Низ кости
Поломљене

Од бежања
У месту
Прикованог
За виђање
Ковитлаво

ВРТОГЛАВИЦА VII

Опет насрће
У завијању сирена
У праскању светала
Кроз теме
Проклијава

Нада се
Ноћима белим
Да превари мрак
У окнима
Наслаган

Насртљиво
Кружећи
Између темена
И безнадежне
Даљине

ВРТОГЛАВИЦА VIII

Стиже
На време
Замахује бичем
Недогледним

Да запрети
Оку изгладнелом
Што се скрива
У чекању
Недосањаног
Прста

ВРТОГЛАВИЦА IX

Пред битку
Навлачи
Одежду челичну
У тишини
Кроји
И осликава
Сандук камени
У којем ми
Лице
Оклопом црним
Оптаче

ВРТОГЛАВИЦА X

Стомак пробада
Рука
Дуговрата

Зидове лиже
Језиком огњеним
Расцветава се
И облизује

Оплођена
У трулежи
Устајале
Празнине

ВРТОГЛАВИЦА XI

Копрца се
Стегнута

Лепетом се
Отима
Тлу прашњавом

Нокте оставља
На клиновима
У ноге
Закованим

ВРТОГЛАВИЦА XII

У погрешно време
Дошла

Поља
Да отрује
Небо
Да заврти

Без погледа
На сушу
Што начини
Кукавица

Од огња
Одбегла
Да помор
Роди

Огњенка

ОГЊЕНКА I

Сестре заиграле
Ђавоље коло
Огњено

Кроз урвине
Бакље сеју
Заливају ветром

И кораком
По склупчаном
Мозгу препличу

ОГЊЕНКА II

Постељу припрема
Загрева дахом
Успаванку

По капцима
Превлачи
На прстима

Ућуткава светлост
Да ломачу
Распева

ОГЊЕНКА III

Око главе
Комета облеће
Од моћи обесна

Над лицем
Анђела палог
Са којег осветници

Змајеви пламени
За насилницом
Узлећу

ОГЊЕНКА IV

Песмоноша
Сечиво тегли
Ужарено

Да боје разлије
На слици
Бесане вртоглавице

Са платна
Расцвале красте
Да изгребе

ОГЊЕНКА V

Замку спрема
Неродиљи
Док помрчину тка

Криком ваздух граби
Рукама свиленим
Постељицу пара

Пропиње се
Радост жива
Сахрањена

ОГЊЕНКА VI

Са брда клизи
Да замрзне
И освоји град

Пред змијом
Опасан реком
Запаљеном

Злу волшебницу
Да дочека
Гозба пристављена

ОГЊЕНКА VII

На портрету
Лице пречисте пути
Сакрива повест.

Тела мрцварених
Молитви за милост
Погубљења

И мирује
У музеју
Лутајућих душа

ОГЊЕНКА VIII

На лицу
Кућиште савила
Крила голубија

Уздама
Сунце довукла
У зенице прострла

Кроз дупље
Кључале
Протиче лава

ОГЊЕНКА IX

На кров силази
Једнооким блеском
Звездастом руком

Заорава вене
И грумен проналаска
На посматрање носи

У ризницу планете
Без имена
И пута

ОГЊЕНКА X

Планети полетео
Кроз врлети
Галактичке

На трагу звезданом
Опрљен
У трку

Стопе затрпава
Бежи
Проходава

Молитва

МОЛИТВА I

Сачувај
Од знамена чудеса
Над усном
Утиснутог

Од опсене
Извијеног прста
Између блата
И сјаја

Од дарова
Измишљених
Да нахране тело
Испошћено

МОЛИТВА II

Удахни
У зенице
Пламен

Набруси
На костима
Зубе

Из воде мутне
Искочиће рука
Да помилује
Главу
Котрљаву

МОЛИТВА III

Саклони
Од сенке онемеле
Што ме грозницом
Налива

За ноге
Везујући
Траг тихе
И незасите
Глади

МОЛИТВА IV

Сломи
Налете
Злогуког јата
На собу камену

Подигни анђела
Са беле воде
Да камен
Ослика ватром

И сачува
Од смрти
Беле

МОЛИТВА V

Осветли
Слике пећинске
Људе у лову
Црним кожама
Огрнуте
У трку
Да оставе траг

И преваре
Тумаче знакова
Што крочише
Кроз чељуст
Заводљиве звери

МОЛИТВА VI

Затвори прсте
Шаку озидај
Камењем
Које под бичем
Из пустиње
Стиже

Капке затегни
У шкољку лобање
Довуци
Кап воде
Са длана

МОЛИТВА VII

Принеси
Поклоне жртвене
Од живога меса
Откане
У тишини
И прскању пулса

Отми
Од присени
Посуте
Залудном молитвом

Избави
Од авети
Што се у сенку
Уткива

МОЛИТВА VIII

Опрости
За лаковерност

Незвано стигло
Страшило притворно
Обећало слику
Блештаву

Поглед освојило
Па вилени
И не пушта никог

У чело се
Узидало
Да вреба
Да очи
Посрче

МОЛИТВА X

Искупи
Ризницу греха
Одапету
На прсте
Бесконачне

Утоли
Правду царску
Прелистај
Торбе просјака
Дланом буктавим

На лице га
Спусти
Нечујно
Без ропца

МОЛИТВА XI

Помози
Да ишчили пламен
У кости досељен

Из очију
Од боја земљаних
Замешаних ватром

Из пупка киптећег
Што златослов
Порађа

Благоверне прсте
Пружи
Руку огњену
Да издржим
Помилуј

МОЛИТВА XII

Опрости
Згажене заповести
Учитеља благог

Бекство из тела
Прозирног
Од руке победнице

Коју за векове
Будуће
У молитву одевам

СЛИКЕ ИНТИМНОГ МУЧИЛИШТА

Четврта пјесничка књига Слободана Вуксановића плод је настојања да се уобличи један имагинативно-поетски заокружен и препознатљив простор. Склоност ка понављању и варирању, дограђивању и преосмишљавању мотива, тема и поступака, видљива у трима претходним Вуксановићевим збиркама стихова (*Халејева комета над Косовом, 1990; Есеј о анђелима, 1992; Путовање Јелене Ердељан, 1993*), у којима су се понекад цијеле пјесме селиле из једне књиге у другу, у најновијој збирци добила је димензију средишњег, поетичког начела.

Пажљиви читалац распознаће у *Руци огњеној* у неколико наврата амблемски мотив Руке, доминантан у првом циклусу (Рука, 1-8) претходне Вуксановићеве збирке. *Стомак пробада / Рука / Дуговрата* рећи ће пјесник у "Вртоглавици 10" евоцирајући деструктивни пол сопствене амбивалентне визије хипостазиране антрополошке моћи, од чијег је дјеловања на крају, у једанаестој по реду "Молитви" већ неопходно затражити заштиту (*Благоверне прсте / Пружи / Руку огњену / Да издржим...*). Ова селидба мотива-симбола знак је једне склоности која је у претходним књигама овог младог пјесника била једва видљива: раније тек наговјештено помјерање од конкретног ка апстрахованом, од национално-историјског или чак готово дневно-актуелног (*Есеј о анђелима*) ка универзалном и универзалистичком, овдје је доведено до краја, уздигнуто у раван митопејског пјевања о најопштијим проблемима. Тридесетчетири пјесме, разврстане у три циклуса ("Огњенка", "Вртоглавица", "Молитва") у новој Вуксановићевој књизи, повијест су тражења поетског, лирског одговора на дјеловање *стихије* коју пјеснички субјект препознаје свуда око себе, али и у себи (*Песмоноша / Сечиво тегли / Ужарено / Да боје разлије / На слици / Бесане вртоглавице / Са платна / Расцвале красте / Да изгребе*). Попут већ поменуте Руке, и Огњенка и Вртоглавица су хипостазирани симболи, два лица исте неухватљиве силе или моћи, сада пак немјерљиво веће и злокобније, која ковитла имагинативне просторе, стварајући необичне и вишезначне слике што измичу превођењу на језик дискурзивног разумијевања.

Слободан Вуксановић настоји да изгради читаву једну поетску космологију у којој је слика свијета досљедно интериоризована, поунутрашњена. *У клопку ухваћена / Кљун искушава / Пробија стазу / Кроз слепе очи / Ка висини / Из које / Врат поверава / Милосрђу / Углачаног ножа,* вели пјеснички субјект креирајући визију једног интимног мучилишта које себи хотимично приређује, поимајући га, притом, не као модел, већ као унутрашњи догађај свеколиког свијета који је у стању да обухвати и представи. Отуда не изненађује што је Стихија *На лицу / Кућишта савила / Крила голубија / Уздама / Сунце довукла / У зенице простирла / Кроз дупље / Кључале...* Ауторска концепција заснива се у *Руци огњеној* на кретању од суочавања са пламеном стихије ("Огњенка"), преко покушаја разабирања у њеном ковитлацу ("Вртоглавица"), до зазивања безименог спасења ("Молитва"). Попут древног псалмопјевца, лирски субјект Вуксановићеве књиге на крају узима на себе сву покору у себе увученог свијета и, немајући другог прибјежишта до ријечи, у њој тражи и избављење. Језик који Вуксановић користи да би обликовао своје пјесме и пјесничке слике које гради блиски су традицији коју њихови садржаји призивају. Хотимичном лексичком и синтаксичком архаичношћу оне су блиске традицији библијског канона и стила, старом српском средњовековном пјесништву исте провенијенције. Мање су успјеле те слике онда кад представљају својеврсни омаж и евокацију топоса ближе и даље наше пјесничке традиције, а најуспјелије су онда кад пјеснику полази за руком, опонашајући поменути стил, у највећем броју "Молитви" на примјер, да сугерише и једну сасвим модерну, савремену енигматичну запитаност и пометеност пред беспоретком, пред застрашујућим лицем до неподношљивости приближеног а притом ни мало присног свијета.

Рука огњена Слободана Вуксановића је књига уочљивог поетског замаха и енергије. Писана као нека врста тродјелне поеме-исповијести у којој се преплићу и препознају традиционално и модерно, митско-архетипско и историјски актуелно, лирско-индивидуално и колективно-универзално, ова збирка стихова представља аутора који сазријева и развија се.

Тихомир Брајовић

САДРЖАЈ

РУКА ОГЊЕНА

ВРТОГЛАВИЦА
Вртоглавица I	7
Вртоглавица II	8
Вртоглавица III	9
Вртоглавица IV	10
Вртоглавица V	11
Вртоглавица VI	12
Вртоглавица VII	13
Вртоглавица VIII	14
Вртоглавица IX	15
Вртоглавица X	16
Вртоглавица XI	17
Вртоглавица XII	18

ОГЊЕНКА
Огњенка I	21
Огњенка II	22
Огњенка III	23
Огњенка IV	24
Огњенка V	25
Огњенка VI	26
Огњенка VII	27
Огњенка VIII	28
Огњенка IX	29
Огњенка X	30

МОЛИТВА
Молитва I	33
Молитва II	34
Молитва III	35
Молитва IV	36
Молитва V	37
Молитва VI	38
Молитва VII	39
Молитва VIII	40
Молитва IX	41
Молитва X	42
Молитва XI	43
Молитва XII	44

Слике интимног мучилишта (Тихомир Брајовић) 45

Слободан Вуксановић
РУКА ОГЊЕНА

*

Издавачко предузеће
РАД
Моше Пијаде 12, Београд

*

За издавача
Зоран Вучић

*

Главни и одговорни уредник
Јовица Аћин

*

Рецензент
Тихомир Брајовић

*

Графичко уређење текста
Дарко Антић

*

Штампа
„НОВИ ДАНИ"
Београд, Војводе Бране 13

CIP – Каталогизација у публикацији
Народна библиотека Србије, Београд

886.1/.2-1

ВУКСАНОВИЋ, Слободан
 Рука огњена / Слободан Вуксановић. – Београд : Рад, 1994 (Београд : Нови дани). – 46 стр. ; 21 cm. – (Посебна издања)

Тираж 500. – Стр. 45 – 46: Слике интимног мучилишта / Тихомир Брајовић.

ИД=25818124

ISBN 86–09–00480–5

ИЗДАВАЊЕ ОВЕ КЊИГЕ ОМОГУЋИЛИ СУ:

IRITEL

и

MBcommerc

www.ingramcontent.com/pod-product-compliance
Lightning Source LLC
Chambersburg PA
CBHW072037060426
42449CB00010BA/2320